AF562507

APPEL

AUX

REPRÉSENTANTS
DE LA FRANCE

ET

A MES CONCITOYENS.

LETTRES DE LOUIS LE DIEU

SUR

LES AFFAIRES ÉTRANGÈRES

DEPUIS JUILLET 1830.

(*Extraites de la* Tribune.)

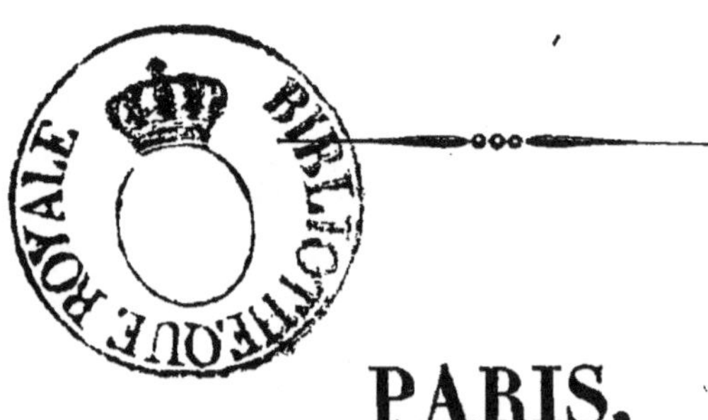

PARIS,
AU BUREAU DE LA TRIBUNE,
PASSAGE DES PETITS-PÈRES, N° 8.

1831.

PARIS. — IMPRIMERIE DE AUGUSTE MIE,
Rue Joquelet, n° 9, Place de la Bourse.

PRÉFACE.

L'état épouvantable de la France, soit qu'on la considère dans son organisation intérieure, soit qu'on l'observe dans ses rapports avec les gouvernemens étrangers, m'a inspiré ces lettres.

Leur réimpression m'est imposée bien moins par le besoin de ma défense personnelle que pour servir de base à l'accusation que j'intente, devant les chambres, contre les plus coupables des ministres que nous ayons jamais eus.

Que mes concitoyens m'accordent leur appui. Il est temps qu'ils s'unissent pour faire face aux plus grands dangers qu'ait jamais courus notre brave et beau pays.

La loi, dit Montesquieu, est l'expression de la volonté générale. Français, il est temps de vouloir, de vouloir en commun, et vous ferez la loi.

L. Le Dieu.

Paris, le 1er août 1830.

LETTRES DE LOUIS LE DIEU

SUR

LES AFFAIRES ÉTRANGÈRES

DEPUIS JUILLET 1830.

PREMIÈRE LETTRE.

Paris, le 23 juin 1831.

Monsieur,

Les journaux anglais des 16, 17, 18, et 19 courant, se sont occupés des événemens de Metz avec toute l'attention qu'ils méritent, et les ont jugés avec la plus grande sévérité et en même temps avec la plus grande justice. Tous énoncent que des faits d'une telle gravité, doivent entraîner les conséquences les plus sérieuses; mais si tous sont d'accord pour blâmer, tous ne le sont pas sur les résultats.

Les uns pensent, qu'indifférente et oublieuse, la nation dans quelques semaines, ne pensera plus à ces incidens, que son indifférence ou son oubli donneront aux faits toute l'autorité des antécédens, qu'ils serviront de point de départ pour aller plus loin, et qu'ainsi, de prétention en prétention, d'acte en acte, on arrivera à la monarchie telle que la conçoivent tous les membres des familles royales ou princières, c'est-à-dire, le plus grand pouvoir possible des chefs, et l'obéissance la plus passive possible du peuple. Les journaux qui expriment ces opinions y ajoutent des réflexions peu agréables. Tel est, disent-ils, le caractère français : il y a dix mois, toutes les nations applaudissaient à leur intrépidité, à leur victoire; ils se sont imaginés avoir tout fait; aujourd'hui, on leur conteste les droits qu'ils avaient conquis, et ils sont sans résistance devant les usurpations du pouvoir qu'ils ont créé. Ce n'est qu'au bord de l'abîme qu'ils l'apperçoivent et qu'ils luttent, au lieu d'appliquer cette maxime : *princi-piis obsta.*

D'autres journaux, et en particulier le *Morning-Cronicle* et *l'Examiner* qui, depuis dix-huit mois, ont prévu et jugé avec tant de sagacité tout ce qui s'est passé en France, s'attendent à des résultats différens. Ils disent que la dignité nationale offensée, ne peut pas laisser impunie la profession de principes subversifs de tous les droits et de tous les intérêts locaux dont se composent les droits et les intérêts généraux; qu'un ressentiment profond se manifestera dans l'immense majorité de la garde nationale, blessée par la mauvaise humeur et la dureté avec laquelle un officier représentant son corps a été traité; et ils s'attendent à une lutte dont ils reconnaissent la nécessité, pour faire rentrer le gouvernement dans ses limites, que le trop de confiance de la nation, et l'avidité d'une chambre usurpatrice et des mangeurs de budjet de tous les régimes, lui ont fait franchir.

Partageant entièrement ces dernières opinions, monsieur, et persuadé que, si on ne relève pas avec force les derniers écarts, nous rentrerons dans la carrière d'oppression et de honte au bout de laquelle on trouve un trône renversé dans des flots de sang, je cherche sur qui doit tomber la peine des actes dont tous les citoyens sont justement indignés,

Après les événemens de juillet dernier, et quand Charles X est exilé à Edimbourg. on ne peut plus, sans hausser les épaules, entendre parler de l'inviolabilité des rois. Celui que nous avons comprenait fort bien, il y a quelques années, que cette inviolabilité était une chimère, qu'il pouvait y avoir un jour nécessité de s'y soustraire, de reprendre et de donner une couronne, et même plus d'une. Depuis lors je continue à penser de même; ce n'est pas sur ce point que mes opinions se sont modifiées, car ce ne sont pas les principes, ce sont les hommes qui trompent, qu'il faut abandonner et qu'il faut combattre.

La responsabilité des actes dont nous avons droit de

nous plaindre peut-elle retomber sur le ministère? Sans doute les ministres, à l'unanimité, répondent NON à cette question. L'un d'eux même a qualifié trop sévèrement ces actes pour qu'on le soupçonne de vouloir en porter la peine. La partie du ministère restée à Paris, se justifie par un alibi des faits passés à Metz. Le maréchal Soult et M. d'Argout semblent donc, par leur position, devoir être les seuls éditenrs responsables des paroles royales.

Moi qui vois dans tout ce qui s'est passé depuis la révolution, la poursuite d'un système, une marche uniforme vers un but anti-libéral et anti-national, j'y rattache ces faits et j'en accuse tous les ministres. Les auteurs du voyage du roi, dans les circonstances actuelles, me semblent infiniment plus coupables que les ministres qui, l'année dernière, fesaient écrire par Charles X sa proclamation-circulaire; infiniment plus coupables, dis-je, et envers le pays et et envers le roi. Car avec tant soit peu de prévoyance, dès qu'il fut question de ces voyages, on apercevait clairement qu'on voulait exercer sur les populations et sur les opinions, et par conséqnent *user* l'influence personnelle du roi. Il y avait là double attentat, et le bon sens devait faire renvoyer sur-le-champ des ministres qui, en mettant ainsi le prince en première ligne, avouaient leur impuissance personnelle.

Mais on ne peut, sans une injustice palpable, étendre la responsabilité ministérielle au-delà du conseil de ce voyage, et peut-être, d'avoir donné le thème des réponses royales : car chacun des ministres répondrait, avec raison, à une accusation plus étendue, qu'ils ne peuvent contrôler des paroles et des gestes improvisés: que ce n'est pas leur faute si le roi n'a pas été plus maître de lui-même, et s'il n'a pas mieux raisonné. Le peuple sent fort bien cela, aussi sa haine pour le ministère ne l'empêche pas de faire la part de chacun dans ses accusations.

Il est inutile de dissimuler encore la vérité, et puisque, dans des entretiens privés on ne l'écoute plus qu'avec humeur au Palais-Royal, et que par écrit elle ne peut plus franchir une ligne de douanes d'aides-de-camp et de secrétaires, il faut la proclamer. J'en ai peut-être plus le droit que personne.

Oui! le mécontentement populaire accuse le roi lui-même, et ces accusations sont fondées. Non pas que j'affirme, avec quelques personnes, qu'il est l'auteur du malheureux système suivi depuis le 7 août, j'y trouve une telle opposition avec des principes, des opinions et des sentimens manifestés publiquement ou exprimés particulièrement à une autre époque, que j'ai peine à croire à cette assertion; mais d'un autre côté, des actes évidemment émanés de la volonté royale, et dont les ministres passés et présens se plaignent assez vivement, ne permettent pas non plus de nier cette funeste intervention que d'autres affirment.

Que des courtisans et des procureurs généraux jettent les hauts cris en lisant ces lignes, qu'ils prouvent, suivant l'usage du dernier règne, par des adulations des réquisitoires, et même des condamnations que le roi continue à être adoré; que m'importe à moi qui sais que, le surlendemain de ces jugemens, on peut partir pour Twickenham comme pour Holy-Rood?

Je le déclare donc, monsieur; on n'aime, ni on estime le gouvernement. C'est la marche de tous les ministères qui se sont succédés jusquà aujourd'hui, et du mauvais génie, quel qu'il soit, qui les a maintenus tous dans la même voie, qui, depuis dix mois, a exité constamment à la haine et au mépris du gouvernement du roi. Voilà ce qu'il est facile de démontrer, ce que je ne balancerai pas à entreprendre envers et contre tous, et je réclame pour cela une place dans vos colonnes.

DEUXIÈME LETTRE.

Paris, le 25 juin 1831.

Monsieur,

Dans ma dernière lettre, j'ai promis de prouver que tous les ministères qui se sont succédés depuis la révolution ont, par tous leurs actes, excité constamment à la haine et au mépris du gouvernement du roi; je vais remplir ma promesse, et d'abord je vais revenir aux premiers actes diplomatiques de cette monarchie ou de ce gouvernement. Vous et vos lecteurs y verrez, de la manière la plus évidente, les intentions perfides des hommes qui venaient de saisir le pouvoir, et les moyens qu'ils ont employés pour transformer la révolution en restauration, la liberté en ordre légal, et la France indépendante en vassale de la sainte-alliance. Témoin, et souvent acteur dans ce que je vais dire, je suis forcé de parler de moi : c'est l'inconvénient des révélations.

L'effet produit par la révolution sur tous les peuples et tous les gouvernemens de l'Europe, ne peut être bien apprécié que par les Français qui se trouvaient alors en pays étranger; mais nulle part cet événement ne produisit autant de sensation, et n'excita autant d'enthousiasme qu'en Angleterre. La famille royale, le gouvernement, et toutes les classes des citoyens, condamnaient d'un commun accord la conduite des Bourbons, et si quelques individus, en assez petit nombre pour qu'on puisse les citer, éprouvaient et exprimaient quelques regrets, ils n'étaient accordés qu'au malheur, et restaient inaperçus au milieu des éloges éclatans donnés à la valeur et à la modération du peuple français.

Deux diplomates, le comte Matuchwitz, chargé d'affaires de Russie, et le prince Estherrazy, ambassadeur d'Autriche, ne voyant dans la révolution de 1830 qu'une espèce de répétition de la révolution de 1815, et ignorant les changemens des temps, se rendirent à la hâte chez lord Aberdeen, ministre des affaires étrangères, pour lui exprimer tout le déplaisir que leurs cours éprouveraient, et réclamer l'intervention de l'Angleterre, afin de combattre la révolution et maintenir les traités de 1814 et 1815 auxquels l'Angleterre avait pris part, et dont, ainsi que les grandes puissances, elle avait garanti l'exécution. Lord Aberdeen, persuadé comme tous les ministres anglais, de l'impossibilité de lutter contre l'opinion du pays, si hautement et si universellement manifestée en faveur de la France, répondit aux ambassadeurs que l'Angleterre ne pouvait intervenir; *que l'esprit public et les intérêts de la nation s'y opposaient également.* Les diplomates entamèrent une longue discussion, examinèrent toutes les conséquences possibles de la révolution, et pour amener le ministre à leur manière de voir, terminèrent en lui demandant si le gouvernement anglais persisterait dans sa neutralité, dans le cas où les Français trancheraient la tête à Charles X, ou s'empareraient de la Belgique. La réponse du ministre fut qu'il croyait que l'Angleterre n'interviendrait dans aucun cas; mais que cela n'étant que son opinion particulière, il fallait s'entendre avec le duc de Wellington, chef du cabinet.

On se rendit chez le duc; on y reprit la discussion; on trouva la même opposition à l'intervention; on voulut la vaincre en représentant les cas particuliers dont on avait parlé à lord Aberdeen. Le duc, avec sa brusquerie ordinaire, répondit que les Bourbons étaient des imbéciles, et que, du reste, *le roi l'occupait tant avec ses revues, qu'il n'avait pas eu le temps de s'occuper de cela.*

Ces démarches, ces conversations, que, dans l'agitation, l'inquiétude et les embarras du moment, on ne pouvait garder secrètes, furent aussitôt connues de quelques personnes, qui les divulguèrent, et les amis les plus éclairés et les plus ardens de la liberté eurent bientôt pris la résolution de les déjouer. Ils savaient que le ministère, malgré ses réponses, devait être peu satisfait d'une révolution qui changeait tout le système politique de l'Europe; que le *duc de Wellington n'aimait pas M. le duc d'Orléans*, que l'aristocratie torye, jugeant bien l'influence des événemens de la France, et tremblant pour son avenir, se mêlerait à toutes les intrigues liberticides, et que la crainte du peuple pouvait seule entraver les projets de la diplomatie étrangère, arrêter l'entraînement probable du gouvernement, et imposer silence à l'aristocratie. Ils jugèrent donc nécessaire de régulariser, de coordonner et de diriger vers un même but l'expression des sentimens populaires qui ne se manifestaient que par des acclamations, et le port de nos couleurs. Dans une réunion des citoyens les plus influens sur toutes les classes, il fut décidé que des assemblées publiques seraient convoquées sur tous les points de l'Angleterre, que des adresses de félicitation au peuple français seraient proposées aux citoyens de toutes les parties de l'Angleterre, que des députations des principales villes seraient envoyées à Paris, pour y porter ces adresses, et proposer la fraternité entre les deux nations. Tout se fit avec rapidité, avec unanimité; plus de trois millions de citoyens exprimèrent ainsi leur approbation de notre révolution, et dès-lors la reconnaissance de notre nouveau gouvernement était une nécessité pour le gouvernement anglais.

Les directeurs de ce grand mouvement, sentant que pour frapper de terreur et réduire à l'inaction les cabinets despotiques de l'Europe, il fallait que cette reconnaissance fût réclamée de suite par la France, demandèrent qu'on envoyât de suite à Londres un de nos anciens maréchaux pour y annoncer et représenter notre nouveau gouvernement. Trois cent mille hommes étaient prêts à aller au-devant de l'envoyé et à l'amener en triomphe sous une voûte de pavillons tricolores français et britanniques, de Blakheath jusqu'à Londres. On me chargea de demander pour cette mission le maréchal Macdonald, dont la famille, influente en Angleterre, aurait favorisé le succès de ses démarches. Quoique connaissant bien le maréchal, sachant par expérience que ses fonctions et ses dignités ne l'avaient jamais rendu infidèle aux principes de la liberté, et l'ayant toujours vu secourir, de toutes les manières, ses compagnons d'armes malheureux, je craignais que ce choix ne déplût à beaucoup de mes concitoyens qui, ne connaissant pas le maréchal comme moi, ne peuvent le juger que par le licenciement de l'armée de la Loire, et sa longue résidence à la Légion-d'Honneur. Je fis ces objections, et demandai qu'on laissât à notre gouvernement provisoire le choix de la personne à envoyer. On me répondit avec raison que, comme tout le succès dépendait de l'effet que produirait l'individu chargé de la mission sur la masse du peuple anglais, le gouvernement provisoire n'était pas le meilleur juge, et qu'il devait un peu s'en rapporter aux Anglais amis de la France; qu'au reste, si on préférait en France le maréchal Mortier, on lui ferait la même réception; que ce qui importait le plus c'était de ne pas perdre de temps. Je mandai sur-le-champ ces dispositions à un des membres du gouvernement provisoire, M. de Schonen, au comte Charles Lasteyrie, pour M. Lafayette, et à une troisième personne, pour le Palais-Royal. Ces lettres étaient à Paris le 5 août. D'autres, aussi pressantes, étaient écrites chaque jour, pour le même objet, à d'autres de mes amis.

Les partisans de la France avaient, dès la première nouvelle de notre révolution, pressenti que la Belgique expulserait les Nassau; que la réunion de ces provinces à la France était chose probable, et qu'on profiterait de cette probabilité pour entraîner le gouvernement anglais à des déclarations hostiles. Afin de les prévenir, on engagea un grand nombre d'assemblées populaires et des unions politiques à déclarer que, dans le cas où le ministère anglais interviendrait dans les affaires de France, ou pour exiger telle forme de gouvernement, ou pour empêcher la réunion à la France de certaines provinces qui en faisaient partie, on refuserait l'impôt. La résolution fut adoptée dans un grand nombre d'assemblées (1).

Mes rapports anciens et fréquens avec un personnage du plus haut rang me permettaient de sonder et de connaître les dispositions du prince et du gouvernement. Le 7 août, ce personnage me promettait même la conservation de la paix avec l'Angleterre dans le cas de la réu-

---

(1) Au mois d'octobre on s'assemblait encore pour adopter ces résolutions, et j'ai moi-même *remis* au roi une copie authentique d'une de ces adresses.

nion de la Belgique à la France. Le mardi 10, il m'engageait en même temps à demander l'envoi de Macdonald, parce qu'un membre de sa famille pourrait ne pas voir avec autant de plaisir que tout le monde le maréchal Mortier, qui, en 1802, s'était emparé du Hanovre. J'annonçai sur-le-champ ces dernières communications à M. de Schonen : le lendemain je les transmis à d'autres de mes amis, pour être communiquées au gouvernement, par M. Guilliet, ancien secrétaire interprète des affaires étrangères, qui connaissait toutes mes relations, qui partait pour Paris, et que j'autorisai à dire tout ce qu'il avait vu et appris dans nos comités ou dans l'intimité. M. Guilliet était chargé surtout de demander, comme toutes mes lettres, qu'on hâtat l'envoi du maréchal Macdonald.

Tel était au commencement d'août, l'état des choses et la disposition des esprits en Angleterre. Les membres du nouveau gouvernement français les connaissaient aussi bien que moi ; j'en appelle pour preuve à la correspondance du chargé d'affaires laissé à Londres par M. de Laval; c'était M. de Vaudreuil. Il était évident pour tout le monde que rien ne pouvait empêcher la reconnaissance immédiate et sans condition de la France par l'Angleterre. L'Autriche et la Russie, en voyant la réception faite par le peuple et le gouvernement anglais au nouvel envoyé français, auraient senti sur-le-champ la nécessité de se soumettre à la force de l'opinion. Ces deux puissances auraient bientôt changé leur ton arrogant, et repris les manières modestes et conciliantes qu'on leur a toujours vues quand leur insolence a manqué de l'appui de l'Angleterre.

L'ambassadeur prussien à Londres semblait s'attendre à ces résultats; il ne s'était pas exprimé avec la même violence contre les événemens de la France; il n'avait pas pris part à toutes les démarches de ses deux collègues; il était facile de voir qu'il n'était pas éloigné de séparer la cause de son pays de celle des deux empereurs.

Jamais, je puis l'affirmer, la nation française n'avait placé ses gouvernemens passés dans une position aussi favorable, pour prendre en Europe le rang, et exercer l'influence qui convient aux chefs d'un pareil empire; mais il fallait que ses gouvernans nouveaux sentissent ce qu'ils devaient aux libertés et à la dignité nationale. Là étaient la paix de l'Europe et le respect des lois. Quelles ont été les vues et la conduite de ce gouvernement? ma prochaine lettre vous les développera.

TROISIÈME LETTRE.

Paris, le 28 Juin 1831.

Monsieur,

J'ai à vous avouer et à réparer une omission dans ma dernière lettre. Je n'ai pas dit, qu'au mois de juin 1830, dans l'attente, dans la certitude d'une révolution prochaine en France, les hommes influens de l'Angleterre, les membres les plus forts des deux chambres, et entre autres lord Holland, M. Brougham, lord Nugent, sir H. Parnell, etc., etc., disaient hautement : *Organisez-vous en république, c'est ce que vous pouvez faire de mieux; ne craignez rien de l'Angleterre, elle applaudira à tout.* M. de Lasteyrie m'a fait sentir l'importance de ces déclarations, qui lui ont été faites comme à moi, et que l'on n'aurait peut-être regardées que comme des assertions, si je n'avais parlé que de mes seuls souvenirs. Les trois derniers des messieurs que j'ai cités sont au ministère, et ils ne ressemblent en rien à ces misérables qui, en quelques mois de pouvoir, abjurent tous leurs principes et trahissent tous leurs antécédens.

Telles étaient donc les dispositions de l'Angleterre, et le gouvernement du pays n'aurait eu ni l'audace ni la force de les violenter. Aussi pendant les premiers jours d'août, le ministère anglais protestait-il qu'il nous laisserait organiser à notre mode; mais lorsqu'un roi fut nommé, et qu'il eut choisi son administration, tout changea de face.

Cette administration était évidemment un anachronisme. Les Louis, les Broglie, les Guizot, auraient plutôt dû être mis en jugement pour le mal qu'ils avaient fait à la France, pendant les premières années de la restauration, qu'être chargés de diriger le gouvernement né de l'insurrection. Ces choix révélaient les intentions les plus hostiles à la liberté, et les craintes de tous les amis du pays furent bientôt réalisées.

M. Molé eut à peine occupé le ministère des affaires étrangères que l'on observa à Londres un immense changement dans l'attitude et les dispositions du ministère anglais. A la suite de communications officieuses venues de Paris, plus de dix jours après la révolution, on disait à notre chargé d'affaires : « Nous ne demandons pas mieux que de vous reconnaître ; mais recommandez de ne pas donner des institutions trop en désaccord avec celles des autres puissances de l'Europe. » Tel était le le langage de lord Aberdeen à M. de Vaudreuil, qui, comme il me l'a affirmé, insérait ces recommandations dans ses dépêches ; mais ajoutait : « *de n'y faire aucune attention, parce que la reconnaissance était forcée.* » Vaudreuil n'avait pas le mot de l'énigme.

Averties de ce changement de langage, quelques personnes se plaignirent vivement au ministère, et menacèrent de l'attaquer dans les deux chambres, aussitôt après la réunion du parlement ; en même temps, des articles assez violens furent lancés dans les journaux : on aura peine à croire à la réponse qui fut faite ; la voici : « C'est de Paris et du gouvernement lui-même qu'est venue l'idée de ne donner à la France que des institutions qui ne fussent pas trop en désaccord avec celles des nations voisines. Ce gouvernement, qui ne veut pas se laisser enchaîner aux idées et aux passions populaires, n'y peut résister qu'en faisant craindre au peuple, ou du moins à la classe moyenne, l'intervention des puissances. Craignant les excès qui résultent toujours du mouvement des masses, il espère tenir ces masses en repos en les effrayant du mouvement de toute l'Europe contre elles ; il trouve là le double avantage de tranquilliser les autres gouvernemens sur ses intentions, d'affaiblir l'effervescence des nations étrangères, et d'arracher le pouvoir royal aux restreintes que la révolution semblait devoir lui imposer. Dans l'état d'agitation où se trouve l'Angleterre, quand l'aristocratie et le clergé sont en butte à tant de haines et à tant d'attaques, nous ne pouvions que saisir avec empressement le moyen qui nous était offert de défendre nos institutions et de nous préserver de toute secousse; mais quel que soit notre langage, vous pouvez être rassuré sur nos actes, *nous ne ferons, dans aucun cas, la guerre à la France.* »

Voilà, monsieur, la réponse qui me fut faite, et je l'avoue, je la regardai comme une excuse perfide de la conduite injustifiable du gouvernement anglais, malgré le caractère honorable des personnes qui me dévoilaient cette intrigue. Force fut bien de renoncer à mon incrédulité, d'abandonner mes soupçons et mes doutes, quand je vis notre gouvernement retarder si long-temps l'envoi d'un agent confidentiel, comme pour persuader à la France qu'il y avait de grandes difficultés à vaincre, et choisir pour envoyé un homme ignoré, passé des bureaux de Clermont-Tonnerre, aux fonctions d'aide-de-camp de M. le duc de Chartres, et qui l'avait accompagné en Angleterre l'année précédente. Evidemment ce choix avait pour but d'éviter tout ce qui pouvait échauffer l'imagination des Anglais et leur enthousiasme pour la France.

M. Baudrand était porteur d'une lettre autographe: des personnes qui l'ont lue m'en ont parlé, aussi ai-je depuis lu sans surprise celle que l'autocrate a eu la méchanceté de faire publier, avec sa réponse, quelques jours après que le *Moniteur* eut annoncé la réception amicale faite à M. Athalin et les excellentes dispositions de Nicolas. C'était à peu près le même langage. Je n'en dirai rien. Cette lettre, à ce qu'on m'annonce, paraîtra incessamment dans les journaux anglais.

Tandis que notre diplomatie préludait ainsi au grand

œuvre qu'elle a presque accompli, on disait, au Palais-Royal et dans les ministères, et on répétait partout : « les puissances sont inquiètes, elles craignent que nous n'ébranlions de nouveau tout le système social de l'Europe. L'Angleterre est d'accord avec elles, parce que son aristocratie est allarmée. Rassurons tous les gouvernemens, en nous contentant d'une liberté sage (c'est-à-dire, le moins de liberté possible), gardons-nous bien de seconder, même par des vœux, les efforts des patriotes proscrits de différens pays; toute l'Europe tomberait sur nous. » Tel était le texte de toutes les divagations de ce qu'on appelle la cour et la ville.

Il est vrai que ces divagations rencontraient des contradicteurs parmi les Français récemment revenus d'Angleterre, entre autres le comte C. de Lasteyrie (qui m'autorise à le citer). Il combattait ces mensonges par le récit de ce qu'il avait bien observé en Angleterre, où il était encore huit jours avant notre révolution. Il attestait que tout le pays était pour nous; que le gouvernement n'aurait plus jamais assez de puissance pour diviser les deux nations; que loin de s'allier à une coalition européenne, les Anglais se déclareraient pour nous. On daignait à peine écouter l'excellent M. Lasteyrie. On lui disait, d'un air capable et demi-mystérieux, comme on m'a répété depuis: « Vous êtes dans une grande erreur! vous ne savez pas!...» Lui qui, comme moi, croyait assez bien connaître l'Angleterre, était tout stupéfait, *et ne savait ce qu'il ne savait pas :* je crois que nous le savons bien tous deux aujourd'hui.

J'arrive au grand acte diplomatique, la nomination, pour représenter chez un peuple délicat sur l'honneur, le gouvernement né d'une révolution courageuse et magnanime dans ses combats et dans sa clémence, de ce prêtre apostat qui, depuis quarante ans, a servi, joué, abandonné ou trahi tous les gouvernemens et tous les partis. Je ne sais quel effet cette nomination a produit en France. A Londres, elle fut accueillie par un cri général d'indignation. Tout le monde en fut révolté : on la regardait comme une insulte faite à l'Angleterre. On le déclara hautement dans les journaux.

Il m'est impossible de ne pas le dire franchement, le choix d'un pareil homme flétri par les récits historiques de tous ceux qui l'ont connu, par Carnot surtout, dans son second mémoire, publié en Allemagne, pendant sa première proscription, ce choix, dis-je, de quelque part qu'il vienne, est une immoralité et une trahison envers la France, et il est impossible que, dans la prochaine session, des députes fidèles à la patrie, ne demandent pas compte à M. Molé de cet acte de son ministère, et ne vengent pas la dignité nationale si impudemment offensée.

Pour moi, monsieur, en apprenant cette nomination, toutes mes idées furent confondues. J'y voyais bien l'influence des plus perfides et des plus cruels ennemis de la France ; mais tous mes souvenirs, mes longues affections du Palais-Royal, ne pouvaient se concilier avec l'assentiment donné à un pareil choix. Oh! monsieur, qu'on souffre quelquefois en découvrant la vérité! Aujourd'hui, je reconnais toutes mes illusions, elles cessent de me faire mal, puisqu'elles servent à établir la vérité.

Dans quel but Talleyrand a-t-il été envoyé à Londres? Qu'y a-t-il fait? C'est ce que vous verrez dans ma prochaine.

QUATRIÈME LETTRE.

Paris, le 30 juin 1831.

Monsieur,

Le peuple français ne pensait pas sans doute, à la fin de septembre dernier, à solliciter des puissances continentales l'amnistie de sa victoire. Probablement ses idées l'entraînaient d'un tout autre côté. La prévoyance de ses gouvernans nouveaux suppléa sous ce rapport à l'insouciance de la nation; l'amnistie, ainsi qu'on a pu le voir dans les lettres précédentes, ne pouvait être accordée qu'à certaines conditions : 1° renonciation à toutes les améliorations désirées, à toutes les institutions promises, à tous les résultats naturels de la révolution, parce que tout cela eût été un détestable exemple pour les peuples, un sujet d'inquiétude pour les princes; 2° engagement, par la France, de ne pas sortir de ses limites, de ce cercle déshonorant tracé par l'épée de l'étranger, exécution fidèle des traités de 1814 et de 1815; 3° concours avec les puissances, pour entraver et arrêter toutes les tentatives de l'esprit révolutionnaire et des proscrits de différens pays, sur quelque point que ce fût. Quel homme était plus propre à offrir ou à accepter ces conditions, à en garantir l'exécution, que le signataire de ces honteux traités de la sainte-alliance, que celui qui, pendant les cent jours, tramait à Vienne, avec l'Europe ennemie, la ruine de la souveraineté et de l'independance du peuple français, et ces déplorables funérailles de Waterloo? M. Talleyrand seul pouvait réaliser toutes les vues des diplomates et de notre gouvernement. Ce choix, s'il n'était pas patriotique, était du moins logique.

Il arriva à Londres le samedi 26 septembre dans la soirée. Malgré tout l'entraînement vers une célébrité quelle qu'elle soit, le mépris l'emporta sur la curiosité. Son arrivée était annoncée, et personne ne se porta à sa demeure pour l'apercevoir.

Je le vis le lundi 28 : dans une conversation, je lui traçai le tableau politique de l'Angleterre, je lui développai l'organisation, le but et l'action des associatious populaires, des unions politiques de tous les comtés: je lui fis connaître l'opinion vraiment générale du pays en faveur de la France, l'impossibilité pour le gouvernement de se soustraire à l'influence irrésistible (parce qu'elle était bien organisée) du peuple. Je lui rendis compte de la conduite de MM. Matuchwitz et Estherrazy, et de l'inutilité de leurs efforts pour décider le ministère Wellington à partager leur manière de voir et à seconder leurs mesures. Enfin, l'insurrection belge ayant pris le caractère que tous les amis de la liberté en attendaient, je lui confiai sans reserve la part que j'avais prise dans les affaires de ce pays, et la possibilité, sans aucun danger, de reculer nos frontières à l'Escaut, ou, ce que je préférais, de nous donner pour alliée une jeune république, digne avant-garde de la France contre le despotisme du nord. Je le prévins qu'à mon arrivée à Paris, je rendrais compte au roi de tout ce que je lui avais dit. Je pensais...; mais je ne le dirai pas... Vos lecteurs riraient de ma simplicité. J'avoue qu'à trente-neuf ans c'était trop bête.

Les réponses de M. de Talleyrand peuvent se résumer ainsi : « Je conçois l'état de l'Angleterre et d'une partie de l'Europe; mais le gouvernement français ne veut pas d'agitation; son désir est de tranquilliser les puissances en se donnant et en fortifiant des institutions sages et modérées. Nous ne voulons pas sortir de nos limites, nous ne voulons pas nous mêler des peuples étrangers. Nous ne voulons que faire tranquillement nos propres affaires. Notre premier besoin c'est la paix, c'est la bonne intelligence avec l'Europe. Des commotions chez les nations étrangères ne pourraient que prolonger les nôtres. Quant à la Belgique, le but de sa révolution m'était inconnu, disait-il. Les Belges ne veulent pas de la France. Que Guillaume établisse un gouvernement belge séparé, et tout est fini. »

Tout cet entretien me persuada facilement que les amis de la France, de la liberté, de l'humanité, n'avaient rien à attendre, ou plutôt qu'ils avaient tout à craindre des négociations d'un pareil diplomate. Très peu de jours après je quittai Londres.

Après l'arrivée de M. de Talleyrand à Londres, le peuple anglais cessa de prendre le même intérêt aux affaires de la France. Une partie de l'aristocratie commença ses attaques contre l'esprit révolutionnaire, des journaux ministériels engagèrent le gouvernement français à user de sévérité envers les prétendus ennemis de l'ordre, et le louèrent de la dispersion des sociétés populaires. Tout cela, et les nouvelles de France, dissipaient les espérances que l'Angleterre avaient conçues, et remplaçaient peu à peu son enthousiasme pour nous par de l'indifférence. Elle nous voyait nous abandonner nous-mêmes, pourquoi ne nous aurait-elle pas abandonnés?

C'est ce qu'il fallait à la diplomatie et au ministère Wellington. Aussi virent-ils avec la plus vive satisfaction ce changement dans l'opinion publique, qui les mettait à l'aise et leur permettait de se livrer sans inquiétude à l'accomplissement de leurs desseins. Ils s'y livrèrent avec tant d'activité qu'un mois après l'arrivée à Londres de l'homme qui devait y représenter le gouvernement né des journées de juillet, de l'homme qui devait y faire reconnaître et respecter le premier acte de la France affranchie des liens de la sainte-alliance, un mois après son arrivée, dis-je, le ministère anglais fesait proclamer par le roi d'Angleterre, à l'ouverture du parlement, que son gouvernement voulait l'exécution de tous les traités de 1814 et 1815!

Ainsi, monsieur, ce que les ambassadeurs d'Autriche et de Russie n'avaient pu obtenir du duc de Wellington, une déclaration hostile à notre révolution, menaçante pour nos intérêts, attentatoire à notre honneur, a été faite après quelques semaines du séjour de Talleyrand à Londres. Une telle chose ne démontre-t-elle pas ou la plus grande incapacité dans un diplomate, ou la plus insigne trahison? Si tout le monde est d'accord pour justifier M. de Talleyrand de la première accusation, nous sommes forcés d'accueillir la seconde, et tout le monde est d'accord aussi pour déclarer qu'elle est dans la nature de l'homme.

Si cela n'était pas, n'aurait-on pas vu l'ambassadeur protester hautement contre l'annonce du maintien de ces traités imposés à la suite des désastres de la patrie, et acceptés par une dynastie implantée par les hordes étrangères, au milieu des cadavres de nos frères et des ruines de nos campagnes et de nos cités? N'aurait-il pas déclaré sur-le-champ que le peuple de la France avait reconquis la souveraineté qu'il avait perdue avec la victoire, et que ces traités lui déniaient pour toujours? Enfin n'aurait-il pas réclamé une rétractation ou ses passeports, regardant comme terminée sa mission représentative, dès le moment où l'on refoulait la France vers les fourches caudines auxquelles elle venait d'échapper? Talleyrand consentit à tout.

Mais le peuple anglais n'entendit pas avec autant de résignation les paroles significatives mises dans la bouche de son roi. Ce prince en se rendant au parlement, avait été accueilli par d'unanimes applaudissemens. A son retour tout était muet sur son passage. La phrase hostile à la France était déjà connue et méditée. Wellington, à sa sortie de la chambre, fut assailli par des siflets, des imprécations, des pierres, et eut peine à se soustraire à l'indignation populaire.

Le soir même et le lendemain, on n'entendait, on ne lisait partout que ces réflexions : « Il y a quarante ans « bientôt, qu'avec les rois conjurés nous avons com- « mencé la guerre contre les libertes de la France. Qu'en « avons nous recueilli? Une dette énorme, dont nous « pouvons à peine servir les intérêts, et des impôts « accablans que des populations entières déclarent ne pou- « voir plus payer ; l'augmentation du pouvoir royal et « ministériel ; une armée permanente, des lois restricti- « ves de tous nos droits, soit naturels soit constitution- « nels, la perte d'une partie de nos antiques libertés. « On veut recommencer cette guerre pour accroître no- « tre dette, pour rendre plus pesant le fardeau des im- « pôts, pour nous empêcher de reconquérir les libertés « que nous avons perdues et que nous réclamons vaine- « ment, pour nous ravir peut-être celles qu'on nous a « laissées. La guerre à la France est donc une guerre « contre nous-mêmes : nous n'en voulons pas! à bas le « duc! »

Cette manière de considérer la question des traités fut justifiée le lendemain. Interrogé à la chambre des pairs sur ses intentions relativement à la réforme parlementaire, le duc répond qu'il ne secondera pas la réforme. C'en était trop : le soir, nouvelle attaque contre lui, et quelques jours après, il avait quitté le ministère.

Ces faits qui attestaient la vérité de tout ce que j'avais annoncé sur les dispositions du peuple anglais et sur l'influence irrésistible qu'il avait acquise par ses associations et ses unions politiques, devaient, il me semble, rassurer le gouvernement français, et exigeaient l'adoption d'un autre système politique. Mais le mauvais génie qui s'est chargé de déshonorer et de rendre infructueuse notre belle révolution en décida autrement. On persista dans la route honteuse qu'on avait suivie. Une chambre des députés français entendit sans indignation, sans une protestation unanime, un ministre annoncer cette intention d'exécuter les traités de 1814 et de 1815, et ce qui, en Angleterre, quoique pouvant être considéré comme glorieux et même avantageux pour le pays, avait irrité la pairie et toute la nation, obtint à peine, en France, un instant d'attention, et peut-être est entièrement oublié. Le ministère ne fit rien.

Je me trompe; il vint à notre gouvernement des velléités guerrières, il crut à la possibilité d'être attaqué, et il *donna l'ordre de fortifier Paris!!..*

J'ai besoin souvent, Monsieur, pour me distraire et me consoler de tout ce que je vois et de tout ce que je souffre, d'occuper mon esprit de la lecture d'ouvrages anciens; voici ce que dernièrement je trouvai dans Strobée (*de republicâ, sermo* 41); je crois devoir l'offrir à vos lecteurs, à propos de fortifications (1).

« Je viens de vous entretenir de tout ce que l'on a inventé pour la défense et le salut des villes, comme des fossés, des murs, des remparts et autres choses de ce genre,

---

(1) *Permulta sunt, inquiebam, civitatibus excogitata, ad custodiam atque salutem, ut vala, mœnia, fossæ, et allia hujus generis: quæ quidem omnia manibus conficiuntur, et sumptus postulant ingentes. Inest autem unum quoppiam commnne munimentum cordatorum hominum animis à naturâ, quod cum cœteris omnibus bonum est ac salutare, tum plebi maximé contrà tyrannos. Quodnam igitur istud est? Non facilè credere: vel, si uno verbo dicere licet:* diffidentia. *Hanc servate et amplectimini; hanc si habueritis integram, nihil grave nobis adveniet. (Dem. in Phil.)*

mais tout cela exige d'immenses travaux et d'énormes dépenses. Il y a une fortification bien plus simple, établie par la nature elle-même dans l'esprit de tous les hommes de cœur, et qui, quoique bonne et utile en toutes choses, l'est principalement aux peuples contre les tyrans. Quelle est-elle, demanderez-vous? Vous ne le croiriez pas, je l'exprimerai d'un seul mot : LA DÉFIANCE. *Gardez-la bien, tant que vous l'aurez dans toute sa force, il ne vous arrivera rien de mal.* » (Demosthènes contre Philippe.)

Reposons-nous là-dessus, et agréez.

CINQUIÈME LETTRE.

Paris, le 4 juillet 1831.

Monsieur,

Je crois avoir démontré de la manière la plus incontestable, dans mes dernières lettres, que le gouvernement né de la révolution a exprimé et cherché à inspirer à la France des inquiétudes qu'il savait lui-même n'avoir aucun fondement, et que c'est lui seul qui, dans des vues coupables, a changé les dispositions du gouvernement anglais, et réveillé des prétentions dont nous subirions déjà les conséquences, si les hommes libres de l'Angleterre n'avaient pas renversé le ministère Wellington. Continuons cet examen de notre diplomatie : mettons la France de juillet en présence de toutes les puissances de l'Europe.

La France, et un gouvernement vraiment français, devaient-ils craindre ces puissances, isolées ou réunies? non, Monsieur, le gouvernement lui-même simulait ces craintes et ne les éprouvait pas. Je sais bien qu'Estherrazzi était menaçant à Londres, je me doute bien qu'Appony était insolent ici, mais je sais bien aussi qu'un ordre de quitter Paris dans les vingt-quatre heures aurait confondu l'insolent, et c'est une des choses que mes lettres sollicitaient avec autant d'instance que l'envoi d'un honorable chargé d'affaires à Londres.

Qu'eût fait l'Autriche? Je reviens aux révélations; c'est ma réponse.

Depuis long-temps l'Italie, impatiente du joug, invoquait le jour de la délivrance, et des citoyens le préparaient; mais persuadés que des tentatives partielles, des insurrections isolées, n'auraient pour résultat que de concentrer les forces des despotes et corroborer leur puissance, ces patriotes méditèrent le mouvement simultané de tous les pays fatigués de la tyrannie. Le même projet était entré dans d'autre têtes. Il ne fallait plus que s'entendre, se communiquer les moyens d'exécution, et amener les occasions d'agir. Dès le mois de juin 1830, un Italien (1) me fût adressé à Londres, pour être mis en

(1) C'était Mr Misley. Les motifs qui m'avaient engagé à taire son nom n'existent malheureusement plus. Il est condamné à mort, ses biens sont confisqués et il est dans l'exil. Si un hommage à son admirable conduite peut adoucir les chagrins dont il est abreuvé, qu'il le reçoive ici! Jamais je n'ai trouvé réunis plus de patriotisme, de caractère, d'activité, de modestie et de désintéressement. Directeur de cette grande conspiration qui devait ressusciter l'Italie, il s'imposait tous les sacrifices, et n'oubliait que lui dans les résultâts. Il semblait n'avoir qu'une crainte, celle de paraître tout ce qu'il est

L'envie cependant s'attacha à lui. Sa position, les relations que je lui avais procurées à Londres; la fréquence des réunions, et les questions qui s'y traitaient, exigeaient la plus grande discrétion avec ses compatriotes, qui, comme tous les proscrits de tous les temps, trahissent leurs meilleurs projets, en révélant leurs espérances. Sa réserve, que, plus que personne, Mina et moi recommandions, blessa quelques individus et excita la défiance de beaucoup d'autres, et des calomnies noircirent les intentions les plus pures. Il comptait sur l'avenir pour sa justification, il ne fut pas trompé.

Une chose m'affectait plus vivement que lui, c'est le spectacle des divisions qui partageaient en cinq ou six partis hostiles, les réfugiés des diverses nations et que les efforts de mes amis et les miens, pendant huit ans, n'ont jamais pu éteindre. C'est à cela qu'ils doivent la prolongation de leur exil. Je le prédisais à Torrijos, à Valdès avant leur départ. Ils ont confirmé toutes mes pré-rapport avec les principaux des proscrits de diverses nations. Rien de plus sage, rien de mieux combiné, et rien de plus humain que leurs projets. Décidés à agir promptement, pensant qu'il fallait un mouvement quelque part pour décider celui de la France, ils prenaient leurs mesures; l'envoyé Italien revenait de Paris pour retourner à Modène, quand l'attentat de Charles X et de ses conseillers mit fin au règne de ce roi.

Une pareille révolution devait doubler les espérances et attiser l'impatience des patriotes étrangers. Pensant que le gouvernement nouveau reconnaîtrait combien il lui importait de seconder leurs projets, il le firent sonder. On me répondit de faire partir sur-le-champ Mina, et Mina quitta sur-le-champ l'Angleterre pour la France. C'est à Paris que se discutèrent de nouveau tous les plans, soit pour l'Italie, soit pour l'Espagne. *Le Palais-Royal et le ministère en furent informés.* Des encouragemens et surtout une approbation entière furent donnés. Une réserve dont je ne veux même pas qu'on me sache gré, m'engage à être bref sur ce point. On n'avait donc rien à craindre de l'Autriche, nous avions pour sauve-garde la liberté de l'Italie. C'était en septembre.

Mais l'Italie n'était pas la seule réponse qu'on avait à faire aux menaces de Metternich et de ses agens. De longues relations avec des Hongrois m'avaient procuré sur ce pays des détails assez curieux. Je savais que là aussi les rigueurs du gouvernement autrichien avaient fait germer et éclore des idées de liberté. L'aristocratie y voulait être plus indépendante de la cour de Vienne, une classe moyenne, nombreuse et instruite prétendait enfin obtenir et exercer des droits, et la masse de la population, agitée par un sentiment vague de malaise, par un désir de changement, servait d'appui aux deux autres classes.

Les menées de la diplomatie à Londres nous faisaient

---

visions. Qu'il me soit permis de leur répéter aujourd'hui toutes les leçons de leur déplorable histoire. L'union seule donne la force de conquérir et de conserver.

sentir la nécessité de chercher partout des auxiliaires, et nous avions assez de motifs de compter sur la Hongrie ; mais ce qu'on m'avait dit, ce qu'on m'écrivait pouvait être inexact. Nous avions besoin de la certitude. Un de ces Anglais, dont le temps et la fortune sont toujours au service de la liberté, quitta Londres, parcourut la Hollande, la Belgique, les Provinces Rhénanes, la Bavière, l'Autriche et la Hongrie ; il y était au couronnement du prince impérial, et à la fin de novembre il me rendait compte à Paris de cette longue tournée (1).

Partout il avait vu les peuples enthousiastes de la France, et dévorés du désir de l'imiter. Partout il avait reconnu l'incompatibilité des nations avec leurs gouvernemens, et l'impossibilité de nous faire la guerre, sans s'exposer à des commotions intestines. Quant à la Hongrie, le tableau qu'il m'en traça est, mot pour mot, celui de la France en 89. Les détails qu'il me donna sur les difficultés du couronnement, sur les exigeances de la diète, sur les concessions et les promesses qu'elle obtint du gouvernement, avant de consentir à la cérémonie, tout me prouva que le premier coup de canon tiré par l'Autriche ébranlerait tout son empire jusque dans ses fondemens. De nombreuses garnisons italiennes étaient le seul appui de la puissance impériale en Hongrie, comme les garnisons hongroises le sont en Italie. C'était encore une chose dont la liberté pouvait profiter, et elle en aurait profité.

Le gouvernement ne pouvait pas ignorer cet état de choses, et dès-lors il était impossible qu'il craignit la guerre avec l'Autriche. On est donc forcé de reconnaître dans sa conduite envers cette puissance le même but, les mêmes intentions, que dans sa conduite envers l'Angleterre. Il me semble voir un homme qui va dire à tous ses voisins : « Mes enfans font les méchans, je vous en prie, faites Croquemitaine. »

---

(1) Ce qui se passe maintenant en Hongrie atteste la vérité des rapports qui m'ont été faits.

En est-il de même de nos relations avec la Russie? La crainte manifestée était-elle simulée? A-t-on sollicité la lettre insolente de l'autocrate? Pourquoi donc n'y a-t-on pas répondu comme l'exigeait l'honneur du chef de l'état? Ces questions sont encore d'une solution assez facile. Chacun aujourd'hui sait à peu près à quoi s'en tenir là-dessus. Il ne faut toujours qu'un peu de bon sens pour apprécier ce qu'on appelle le pouvoir colossal de la Russie.

La Russie, sans l'alliance de l'Angleterre (et cette alliance est impossible), ne pouvait marcher sur la France. On a vu cette puissance obligée à faire deux campagnes pour triompher de la Turquie. On la voit maintenant impuissante contre une poignée de héros. Et un gouvernement a eu la lâcheté de dire à la France: « *Tiens-toi coie, la Russie te battrait!* » Et ce gouvernement se plaint qu'on le méprise, et il traduit devant les tribunaux des écrivains indépendans, comme coupables d'exciter à ce mépris, quand lui seul fait monter la rougeur au front, en présence d'un étranger, à tout homme qui a un cœur français.

La Prusse ne pouvait guère nous causer d'inquiétudes plus réelles. Là il y a plus d'une épée de Damoclès suspendue sur la tête du roi. Il ne faut qu'un souffle de la liberté française pour séparer toutes les pièces disparates de ce royaume arlequin, ou pour réaliser enfin les vues sublimes du *Tungen Bund*, et créer cette grande république fédérative de l'Allemagne, qui assurera la liberté et la prospérité de l'Europe. Notre révolution avait trouvé réveillée déjà depuis long-temps cette grande *union de la vertu*, que les prétendus saints alliés croyaient avoir tuée, en 1821, à coups de congrès et de haches; mais du fond des tombeaux et des cachots, les voix des martyrs n'avaient cessé de crier vengeance et liberté! et le premier drapeau à cette devise, qu'on eût déployé de l'autre côté du Rhin, eût été le signal de l'une et de l'autre.

Non, Monsieur, je ne puis concevoir les terreurs de notre gouvernement; il aurait fallu une cécité complète, une stupidité brute, pour ne pas reconnaître que, partout en Europe, les quinze dernières années, fécondées par le souvenir des années précédentes, ont enfanté une génération nouvelle destinée à établir la fraternité des peuples et à célébrer les funérailles de la tyrannie. Ni cette cécité, ni cette stupidité n'était le caractère de tous les gouvernans; donc leurs craintes n'étaient pas la vengeance des rois; c'était l'émancipation des peuples, c'était surtout la restauration du peuple français dans tous ses droits, dans toute sa souveraineté; et pour nous asservir tous, il fallait faire de nous un épouvantail pour tous les rois, et de tous les rois un épouvantail pour nous.

Ils ont réussi au-delà de leurs désirs; ils ont éteint l'enthousiasme, étouffé les espérances des peuples, raffermi le pouvoir et augmenté les exigeances des despotes, et aujourd'hui les inquiétudes feintes sont devenues des terreurs légitimes. Le pouvoir dépouillé des affections qui faisaient sa puissance, se voit bientôt seul en but aux coups de l'étranger. Demain, quand le signal des combats sera donné, il n'opposera à l'ennemi, sur toutes nos frontières, qu'une armée affaiblie par les nécéssités de la guerre civile qu'il a allumée lui-même, et nous reverrons les premiers désastres de 92.

Tel est notre présent et notre avenir. Il y a bientôt un an que des hommes sans conscience et patrie se sont emparés pour la polluer et la corrompre de la plus pure et la plus glorieuse des révolutions. Comme la nation se relevait grande, majestueuse! Comme tous les peuples du monde applaudissaient à sa générosité et à son courage! Aujourd'hui encore, je viens de lire dans les derniers journaux de Calcuta et de Madras, les détails d'assemblées publiques convoquées pour nous féliciter. Là aussi, au fond de l'Asie, la main d'un noble ami a arboré nos couleurs dans les magnifiques amphithéâtres, dans les salles des festins. Le vin a coulé dans des coupes d'or, à la gloire, à la prospérité de la grande nation... Et ici de petits hommes ont saisi le colosse; ils l'ont couché sur le lit de *Procuste* pour le réduire à leur taille! et autour de nous tous les peuples nous abandonnent et nous maudissent, et tous les rois nous outragent et se mettent en marche!...

Je le demande, Monsieur, y a-t-il assez de haine et de mépris pour payer dignement ces hommes qui ont traîné la France à ce degré d'abaissement et de danger, à travers onze mois de bassesses, de perfidies, de détresse et avec un milliard et demi d'impôts. Voilà la question. C'est à vous à répondre, jurés à qui ces misérables demandent d'élever des échafauds et de remplir des cachots! C'est à vous à répondre, électeurs, desquels ils osent solliciter l'approbation du mal et un mandat pour le continuer! Hâtez le jour de la rétribution: il est temps qu'ils tombent tous, et que le monde répète encore : *On ne se joue pas impunément des peuples.*

SIXIÈME LETTRE.

Paris, le 13 juillet 1831.

Monsieur,

Je n'ai pas, comme on le dit, abandonné la partie. Mon silence n'a eu pour cause qu'un dégoût irrésistible pour les actes diplomatiques du deuxième et du troisième ministère de la révolution. Comment examiner de sang froid les progrès du funeste génie qui, dès la dissolution du premier ministère, à la composition et à la direction duquel il avait présidé, reprend toute son influence, impose ses lois anti-nationales aux anciens défenseurs des libertés publiques, les rend infidèles à tous leurs antécédens, parjures à toutes leurs promesses, et fait de leur ancienne popularité l'instrument du mal qu'il médite? Comment, après ce que j'ai dit des actes de M. Molé, trouver des expressions assez énergiques pour caractériser la conduite de son successeur, pour rendre tour-à-tour, ou l'horreur qu'inspire la froide barbarie d'un fat qui condamne des nations à mort, ou le mépris qu'on éprouve, en relevant, à chaque instant, les mensonges et les fourberies d'un Scapin? Voilà ce qui me restait à faire; le dégoût est bien légitime. Cependant il faut encore remplir cette tâche. Je veux marquer ce front qu'on porte si haut. Je veux y graver ses actes, c'est y graver la honte.

Deux grandes questions occupaient toute l'Europe au moment où Sébastiani fut appelé aux affaires étrangères. La Belgique et la Pologne revendiquaient leurs droits nationaux, et tous leurs vœux, toutes les espérances des deux peuples reposaient sur la France. Voyons comment on répondit à ces vœux et à ces espérances, d'abord pour la Belgique.

Ainsi que je l'ai dit, dans mes premières lettres, et comme un législateur Belge le déclarait il y a quelques jours au congrès, la réunion à la France avait été le but de l'insurrectiou des Belges ,et il était certain que cette réunion n'eût pas été empêchée par l'Angleterre. C'est en partant de ces données positives, que Sébastiani est arrivé à décider le congrès belge à élire pour roi le prince de Saxe-Cobourg, peu de jours après que lord Grey eut déclaré à la chambre des pairs que le gouvernement anglais n'avait rien fait pour cela, et qu'il consentirait aussi facilement à reconnaître la république belge. Voilà qui suffit pour stigmatiser comme le plus imbécile des diplomates, le directeur de nos affaires étrangères.

Comment est-il arrivé là? Les dépêches de mon ancien camarade, F. Rogier, au comte de Celle, des 6 et 9 janvier, lues en plein congrès et imprimées dans tous les journaux, révèlent les craintes qui ont engagé notre ministre à abandonner la Belgique à l'Angleterre. L'indignation publique éveilla un reste de honte dans l'âme du ministre : il démentit ses paroles dans *le Moniteur*, et peu de jours après, les lettres officielles de M. Bresson au gouvernement belge, prouvèrent que ce démenti était un mensonge. Dès lors la cause de la France fût perdue en Belgique. On y sut ce qu'étaient devenues les promesses de vérité qui avaient été prononcées si haut. Le mépris et la haine pour le gouvernement français éclatèrent de toutes parts. La tribune nationale en retentit, sans épargner même le chef de l'état; et aujourd'hui, si la pensée de l'union occupe encore quelques bons citoyens, ce n'est qu'en s'alliant à l'attente d'une nouvelle révolution qui ne trompera plus les vœux des amis de la liberté. Voilà, monsieur, ce qu'a produit le système de Sébastiani marié à celui de Talleyrand! Je ne m'étendrai pas sur ce sujet, presque toute l'affaire de la Belgique est connue de vos lecteurs; qu'ils ne désespèrent pas cependant : *Léopold ne sera pas roi des Belges!*

L'insurrection polonaise, dans laquelle des hommes de cœur auraient trouvé le moyen de rendre à la France toute l'influence qu'elle avait perdue depuis 1814, frappa tous nos hommes d'état d'une consternation indicible. Je vois encore l'un d'eux s'écrier d'un ton piteux : *ce sont des extravagans, ils nous compromettent : on dira que nous avons fait cela ; c'est sur nous que tout retombera!* Il fallut tout le courage et les succès inespérés des Polonais, pour rassurer un peu nos gouvernans; mais rien n'a pu les décider à secourir nos anciens frères d'armes, mourans encore pour nous. *Que pouvons-nous faire?* demandait Sébastiani; *ils sont trop loin! il faut qu'ils meurent!...* et un de ses collègues, que j'avais admiré, aimé, ajoutait plus tard : *le sang français n'appartient qu'à la France, et ne doit couler que pour elle!*

Et ils savaient tous deux que c'était la guerre de la France! Sébastiani avait nié que l'armée russe eût ordre de préparer sa marche vers nos frontières, et des pièces authentiques vinrent prouver encore que ses dénégations étaient un mensonge.

C'est alors qu'un Français conçut le projet de secourir la Pologne, sans exposer d'autre sang français que le sien. Les réactions de 1815 l'avaient forcé à chercher un asile chez l'étranger, il était resté long-temps en Perse, il avait acquis l'estime et la confiance d'un fils du roi, avait été revêtu de fonctions importantes, avait organisé et exercé quelques régimens à l'européenne, et en revenant en France était chargé d'établir des rapports plus intimes entre les deux pays. C'était le docteur Barrachin : sa connaissance de la Perse, son étude des intérêts politiques du pays, l'influence qu'il y pouvait exercer, et la grandeur et la simplitité de ses plans, tout devait faire espérer qu'on l'écouterait avec d'autant plus d'intérêt qu'il témoignait la plus grande abnégation de lui-même.

Il s'adressa à Sébastiani : il eut toutes les peines du monde à obtenir une réponse, puis enfin une audience, dans laquelle il remit un mémoire. Pendant six semaines Barrachin n'entendit pas un mot de son mémoire, on ne répondit pas à ses lettres, et il fut obligé d'aller faire une scène au ministre pour retirer ce mémoire qu'on n'avait pas lu, et qu'on eut toutes les peines du monde à retrouver. J'engage Barrachin à raconter cette scène.

On dira peut-être que ce mémoire ne méritait pas l'attention du ministre : il est juste d'en continuer l'histoire. Je l'avais lu, j'avais trouvé le projet d'une exécution facile et d'un succès certain : j'engageai l'auteur à s'adresser au maréchal Soult, et à demander un rendez-vous. La réponse du maréchal s'enquérait du but de la demande, et, sur l'exposé de son motif, Barrachin reçut avis que l'affaire concernait le ministre des affaires étrangères, et que le ministre de la guerre ne pouvait s'en occuper. Voici presque textuellement la réponse de Barrachin : je la donne pour l'instruction du public et la plus grande joie de Sébastiani.

« Monsieur le maréchal, votre lettre ne m'annonce « rien que je ne sache. Si j'avais de M. Sébastiani, de son « activité, de ses talens et de son patriotisme, l'idée que « vous pouvez vous en être formée, je ne me serais « adressé qu'à lui; mais ayant de bonnes raisons pour « n'attendre rien de lui sous tous ces rapports, je vous « ai écrit. Je ne crois point avoir tort : votre réponse me « le prouvera. J'ai l'honneur, etc. »

Une audience, une suite d'audiences, l'approbation la plus entière du projet, des efforts pour le faire adopter, une bienveillance marquée, et le plus vif regret de ne pouvoir vaincre l'opposition de ses timides collègues, voilà ce qu'on obtint du maréchal.

Ce projet, monsieur, établissait une puissante diversion en faveur de la Pologne. La Russie n'aurait pu disposer de 60 mille hommes pour cette guerre. Elle aurait aujourd'hui à défendre, non pas ses conquêtes récentes sur la Perse et la Turquie, mais ses anciennes frontières. Voilà ce qu'on pouvait faire pour la Pologne. En ne le faisant pas, Sébastiani a favorisé les succès de nos ennemis, il a sacrifié nos alliés, il a, autant qu'il était en lui, ouvert aux Russes le chemin de la France, et si la Pologne succombe dans le combat à mort quelle a engagé, c'est le ministère français qu'il faut seul en accuser.

Il y a plus de quatre mois que le ministère anglais s'est exprimé d'une manière très significative sur la révolution polonaise. Toute l'Angleterre est favorable à cette cause. Son gouvernement agirait volontiers, mais il ne peut compter sur la coopération du gouvernement français, et, il faut l'avouer, qu'attendre, sous le rapport de l'intelligence et du courage, d'un ministère qui ne voit ses relations extérieurs que par les yeux d'un Sébastiani? Voilà ce que me disait dernièrement un Anglais, et il avait raison.

La conduite de ce ministre envers l'Italie, mérite d'être plus généralement connue : c'est par là que je vais terminer.

La révolution de Modène avait été préparée pour le premier janvier 1831, dans l'espoir que le gouvernement français, prenant envers les puissances étrangères le ton de dignité qui convient à la nation, aurait à cette époque établi son influence en Europe. Mais le système suivi par le gouvernement, inspirant quelques inquiétudes, au lieu d'entretenir les espérances des patriotes, on engagea les chefs de la révolution à retarder l'exécution de leur projet, jusqu'à ce qu'on pût s'assurer des intentions de nos ministres relativement à l'intervention étrangère(1).

---

(1) C'est M. Misley qui obtint de ses amis la remise de l'exécu-

Dans la première quinzaine de janvier, on s'adressa à M. Sébastiani, et on lui parla à-peu-près en ces termes : « J'ai reçu la confidence d'un mouvement qui doit se faire dans un état voisin de l'Autriche, pour établir un gouvernement libre. Cet état n'est pas dépendant de l'Autriche, mais on craint que cette puissance n'intervienne. On m'a demandé si le gouvernement français le souffrirait : j'ai répondu que je ne pouvais le croire ; que s'il tolérait cette intervention, il aurait contre lui toute la France et la chambre ? »

Ainsi parla l'ami des peuples. Sébastiani évidemment alarmé, voulut éluder la question, et finit par dire qu'il l'examinerait et rendrait réponse dans deux jours. Au moment indiqué, le même personnage revit le ministre, lui répéta sa question. Ce jour-là, le ministre déclara qu'effectivement on ne souffrirait pas l'intervention de l'Autriche.

Lorsque, le 28 janvier, Lafayette proclamait pour la seconde fois, à la tribune des députés, ce qu'il appelait intervention, et la nécessité pour la France de ne souffrir celle d'aucune puissance contre quelque pays que ce fût, Sébastiani signifia son assentiment par un mouvement de la tête. Il le réitéra depuis, de vive voix, à deux personnes qui lui parlaient plus positivement du lieu où le mouvement devait éclater.

---

tion, jusqu'à ce que l'on eût obtenu quelques garanties contre l'invasion autrichienne. Il revint de Modène à Paris à la fin de décembre dernier. Je le conduisis chez le patriarche de la liberté, ainsi que le comte Linati, autre proscrit dont toute la vie est une série de dévouemens et de combats, partout où la liberté appelait les braves, en Europe et en Amérique. C'est à eux deux et à moi réunis, que l'on communiqua les promesses fallacieuses de Sébastiani, qui décidèrent la révolution de Modène.

Misley et Linati partirent aussitôt après en avoir reçu la nouvelle. Le premier avait acheté à Marseille une grande quantité de fusils et deux canons : un bâtiment était frêté par lui. Les deux amis et quelques compatriotes allaient s'embarquer lorsqu'ils furent arrêtés par ordre d'un ex-libéral, le préfet Thomas. Que de noms un avenir prochain fustigera !

La révolution de Modène et de Bologne s'opéra : la question se représenta plus vive, plus pressante ; une déclaration nouvelle fut faite par le ministre, qu'il ne consentirait pas à l'intervention, et après tant de paroles données, l'Autriche envahit les états insurgés ; et, pressé de remplir ses engagemens, Sébastiani répondit en pleine chambre : « *Ne pas consentir, ne veut pas dire qu'on empêchera!* »

Ces paroles, monsieur, lorsque je les entendis, ne me laissèrent pas douter un instant que le soir même on ne chassât du conseil l'homme qui avait eu l'impudeur de les prononcer. Habitué à d'autres mœurs parlementaires, je ne pensais plus que ce qu'on entendait et qu'on défendait le moins dans cette chambre, c'était la dignité du pays, et je m'attendais à voir conspuer le ministre qui n'avait pour justification qu'un lazzi à peine digne d'un valet de comédie.

Depuis lors, monsieur, quels pas immenses vers le déshonneur Sébastiani a fait faire à la diplomatie française ? Un ambassadeur français est chargé de maintenir le pouvoir temporel du pape, et le pouvoir temporel du pape ouvre ses places fortes à l'Autriche, livre aux bourreaux envoyés de Vienne à Venise quatre-vingt-dix-huit de ces patriotes que des promesses fallacieuses avaient appelés aux armes et à la liberté. A Modène, un cadavre et un mourant conduits à la potence déposent à la face d'un peuple muet, plus encore d'indignation que de terreur, contre la trahison et contre la lâcheté de nos hommes d'état. Le Piémont, sous un nouveau règne, se soumet aux conditions imposées par Metternich, pour l'envahissement de la France. L'Espagne et le Portugal nous insultent, nous menacent, et sont prêts à nous attaquer, tandis qu'un simulacre de flotte fait un simulacre de blocus à Lisbonne.

La Belgique, entre l'anarchie et le joug d'un étranger, maudit le jour où elle écouta nos insidieuses promesses de fraternité suivies sitôt d'attentats contre son indépendance. La Pologne enfin, se débattant encore entre la peste, la Russie et la Prusse, qui la dévorent à la fois, ne lève plus que vers le ciel ses regards si long-temps tournés vers nous. Voilà ce qu'a fait Sébastiani pendant ses huit mois de ministère.

Je m'arrête, monsieur, l'indignation me dévore : et c'est un 14 juillet que je suis obligé d'écrire de pareilles vérités. Mais qu'entends-je? Quoi! sur cette même place, le sang de 1831 s'est mêlé au sang de 1789!...(1) Les barbares! toutes mes pensées se confondent.... Que vois-je debout sur cet immense piédestal du marbre le plus pur,... une hache à la main?... Malheureux, tremblez! c'est la vengeance.

Toutes les lettres précédentes, à ce qu'on m'assure, avaient fait quelque sensation dans le monde politique, et cependant le gouvernement n'avait répondu, ni fait répondre à aucune d'elles, dans aucun de ses journaux. Un pareil silence, sur des faits d'une telle gravité, était généralement regardé comme une admission de la vérité de tout ce que j'avançais. La dernière de ces lettres mit en fureur l'homme qu'elle signalait, *avec la plus grande justice, avec la plus grande vérité*, comme le plus inepte, le plus mensonger et le plus perfide de tous les ministres que nous ayons jamais eus. Il voulu répondre enfin, et la réponse qu'il fit faire est devenue une preuve irréfragable de la vérité de mes accusations.

Voici la lettre mensongère que lui et le maréchal Soult exigèrent d'un malheureux placé sous leur dépendance.

Au Rédacteur du Messager des Chambres.

Paris, le 16 juillet 1831.

Monsieur,

La Tribune d'hier a inséré un article signé Le Dieu, et dans lequel je suis, non-seulement nominativement dé-

---

(1) Des jeunes gens voulaient planter un arbre de la liberté sur la place de la Révolution, le 14 juillet dernier, et les charges du prince Lambesc furent renouvelées.

signé, mais encore où l'on cite une lettre que l'on dit *presque textuellement rendue.*

Je dois à la vérité de déclarer que je suis entièrement étranger à la publication de cet article; la meilleure preuve que je puis en donner, c'est que je n'ai point vu Monsieur Le Dieu depuis plusieurs mois; et quoi qu'il ait bien voulu parler de moi d'une manière honorable, il n'en est pas moins vrai que les expressions qu'il me prête sont controuvées, que les circonstances qu'il rapporte relativement à la lettre que j'aurais écrite à M. le maréchal ministre de la guerre sont entièrement fausses, et qu'il est également faux que M. le maréchal ait tenu le langage que cet article lui prête aussi.

Agréez, monsieur, etc. BARRACHIN.

Trois heures après la publication de cette lettre, on m'en donnait l'explication en présence de témoins. Je crus devoir, pour ma réponse, sortir des voies ordinaires. J'adressai au Roi, lundi 25 juillet, et de crainte d'infidélité, je fis insérer dans *la Tribune* du 27, une lettre contenant mes justes plaintes et mes accusations contre les ministres.

A cette lettre, le ministère répondit par une saisie du journal et, dit-on, par un mandat d'amener contre moi et contre le gérant de *la Tribune*.

En attendant l'exécution du mandat, je m'adresse à la représentation nationale.

P. S. Aujourd'hui, 4 août, j'ai été interrogé par M. le juge d'instruction, Roussigné. *Ma lettre au Roi*, m'a-t-il dit, est incriminée pour excitation à la haine et au mépris de son gouvernement, et pour insulte à sa personne.

Messieurs les Députés, que je veux saisir aussi de cette affaire, devant avoir entre les mains toutes les pièces de ce procès, j'avais pensé à faire autographier cette lettre, pour la leur distribuer, en même temps que les précédentes. Toutes réflexions faites, j'ai préféré remettre quelques exemplaires de *la Tribune* que j'avais réservés.

La Cour Royale de Paris vient de repousser l'accusation intentée par le ministère contre ma lettre au Roi, insérée dans la *Tribune* du 27 Juillet et réimprimée dans le numéro du 24 août. Je crois devoir joindre cette lettre au recueil de celles qui l'ont précédée et dont elle est le complément.

SEPTIÈME LETTRE.

AU ROI.

Paris le 24 Juillet 1831.

Sire,

A une époque déjà loin de nous, et que je croyais ne devoir jamais regretter, j'avais l'avantage de déposer dans votre âme mes pensées les plus intimes, et d'être écouté avec bienveillance. Dans les malheurs de la patrie, j'aimais à m'approcher de vous, certain de recevoir et de pouvoir communiquer, en vous quittant, aux amis de la liberté et du pays, des consolations pour le présent et des espérances pour l'avenir. Mieux que personne vous savez s'il y avait en moi amour pour la France, dévouement pour vous et abnégation de moi-même; et, conséquemment, combien j'ai dû souffrir en rompant des liens qui m'étaient si chers, et en prenant, après dix mois de résignation, une attitude hostile envers votre gouvernement.

J'interromps aujourd'hui, Sire, le long silence que je me suis imposé auprès de Votre Majesté. C'est pour faire entendre une accusation, c'est pour réclamer justice de celui qui seul, vu l'impunité que notre législation offre comme une prime à l'immoralité des hommes puissans, peut mettre un terme au mal et en ordonner l'expiation. Je l'obtiendrai si vous n'avez pas changé. Voici les faits :

J'ai cru devoir à la cause que j'ai toujours servie, celle de l'humanité, de mon pays et de la vérité, de signaler, dans une serie de lettres, la plupart des ministres qui se sont succédés depuis la révolution, comme ineptes ou comme traîtres, et de prouver que c'étaient leurs actes seuls qui, depuis le jour où vous ceignîtes le diadême, ont, dans une alarmante progression, excité à la haine et au mépris de votre gouvernement.

La dernière de ces lettres flétrissait, en rapportant seulement ses actes, un de vos ministres, celui qui, chargé de faire respecter à l'étranger votre pays et vous, a, depuis huit mois, sacrifié constamment tous les intérêts du pays et ceux de l'humanité, et terni aux yeux de tous les peuples et de tous les gouvernemens l'honneur de la France et celui de votre couronne.

Cette lettre excita l'attention du conseil. Tous les faits cités étaient d'une vérité incontestable, d'une notoriété générale, à l'exception d'un seul qui n'avait pas ce dernier caractère et dont la révélation était nouvelle. Mais MM. Soult et Sébastiani (ce n'est pas ma faute si le premier nom est ici accolé au second); MM. Soult et Sébastiani, dis-je, avaient tous deux une connaissance parfaite du fait et de ses détails; mieux que personne ils pouvaient attester au conseil toute l'exactitude de mon récit, et cependant c'est en leur présence, c'est sur la demande de l'un d'eux, je viens d'en acquérir la certitude, que le conseil a décidé que le récit serait déclaré faux, et une lettre insérée dans le journal ministériel, le *Messager* du 17 juillet, contient cette calomnieuse déclaration.

Sire, en montant sur le trône vous avez promis la vérité. Votre discours, en ouvrant la session des chambres, samedi dernier, revient encore sur cette promesse et proclame son exécution; mais vos paroles n'ont point convaincu le peuple, qui juge d'après les faits. Je sais et je puis affirmer, d'après la volumineuse correspondance que j'ai eue entre les mains, et d'après les entretiens que j'ai souvent eus avec vous, que jamais je n'ai trouvé d'homme plus véridique que vous; mais aujourd'hui des hommes de mensonge siégent dans votre conseil, y suscitent, y dominent des délibérations, et, à défaut de moyens pour combattre les défenseurs des droits et des intérêts du pays, ont recours à la calomnie, à la diffamation publique. Assez justes envers eux-mêmes pour ne plus croire à l'autorité, à l'effet de leurs paroles, ils ont recours à la séduction pour les faire passer par d'autres bouches, afin qu'on puisse y ajouter foi : ils ont fait plus, ils ont placé un homme entre les besoins d'une nombreuse famille et le plus insigne mensonge. Les misérables! pour arriver à l'assassinat moral d'un citoyen qui révèle leurs méfaits, ils se font les corrupteurs des âmes consciencieuses, ou les étouffent en présence de la faim.

Voilà, Sire, l'acte dont j'accuse deux de vos ministres, et dont je réclame la réparation. Les détails qu'ils ont fait démentir sont d'une vérité incontestable; ils sont connus d'une infinité de personnes; cent témoins les attesteront au besoin, et, pour en acquérir la conviction, vous n'avez qu'à interroger l'aîné de vos fils, ou bien ce grand citoyen dont la parole, franche et glorieuse comme son épée, console et défend encore la patrie, au risque de toutes les disgrâces. Lamarque n'a point attendu que j'invoquasse son témoignage; sa loyauté et son amitié me l'ont offert.

Je ne puis croire que de pareils hommes continuent de posséder votre confiance, quand ils sont signalés aussi publiquement et aussi justement comme des faussaires : quand on sait qu'ils ne peuvent plus repousser des accusations qu'en arrachant à un malheureux le désaveu de faits dont tous deux, aussi bien que lui, connaissent la vérité. Ce sont deux infâmes, dont un prince loyal ne doit plus supporter la présence. Ils ne peuvent plus que souiller votre palais, que corrompre l'air que vous y respirez, qu'y introduire la haine et le mépris qui désormais ne les quitteront jamais, et dont je jure de les poursuivre toujours.

S'il était possible que vous me refusassiez justice, j'appellerais de votre erreur aux députés de la France : je ferais plus, j'en appellerais à mes concitoyens, j'invoquerais leur appui, je solliciterais leurs suffrages, je les supplierais de m'envoyer dans cette chambre où siége le plus coupable des deux. Je le sais, ma prière serait exaucée, et bientôt, des bancs opposés de la même enceinte, mes regards écraseraient constamment l'imposteur. A chacune de ses paroles, s'il osait parler en ma présence, ma voix s'éleverait pour dire à mes collègues : « Ne l'écoutez point, c'est un menteur ! » La diffamation retomberait enfin sur sa tête, et son nom, devenu un opprobre, serait un avertissement pour les ministres futurs.

Sire, quand, il y a deux ans, je déplorais les mesures et accusais les ministres que le délire de la restauration imposait au pays, si quelqu'un m'avait dit : *le plus ardent de tes vœux sera accompli : d'Orléans régnera ; mais le pays n'y gagnera rien ; des hommes plus ineptes et plus immoraux que ceux que tu vois saisiront les rênes du gouvernement ; toi-même tu seras en butte à leurs coups, on te traitera comme ennemi de l'ordre*, jamais je n'aurais pu le croire. C'est pourtant ce qui est arrivé, et ce qui me force à vous écrire cette lettre.

Elle est bien longue déjà, et cependant j'éprouve le besoin de la continuer, non plus pour moi, Sire, mais pour vous. Vos discours et vos actes annoncent trop évidemment que la vérité n'arrive plus jusqu'à vous, pour que j'hésite à vous la dire, en vous écrivant peut-être pour la dernière fois.

Votre gouvernement n'a réalisé ni les espérances que l'on avait conçues, ni les promesses que vous avez faites. Dès son début il est entré dans la funeste voie où s'est perdue la branche aînée de votre famille, et dans laquelle vous vous perdrez infailliblement aussi.... Vous savez avec quelle conviction j'ai toujours prédit l'expulsion de cette branche ; eh bien ! Sire, j'ai une conviction plus forte encore de l'impossibilité pour vous de conserver la couronne, si vous ne vous hâtez de changer d'hommes et de système. Depuis un an on ne parle que de faire respecter l'honneur de la France, de la maintenir dans une paix honorable, et de rendre au commerce et à l'industrie son ancienne prospérité, en lui rendant la sécurité et l'ordre, et jamais la nation n'a été dans un état plus déplorable, plus humiliant, même pendant l'occupation étrangère. Jamais les opinions n'ont été plus divisées; jamais ces divisions n'ont été plus violentes, et jamais, en remontant aux causes de ce qu'il souffre et de ce qu'il craint, le peuple n'a accusé plus directement le chef de l'état.

Vos conseillers et vos courtisans nieront peut-être cette assertion, ils la feront condamner par des juges... Ainsi, sous Charles X, c'était être factieux que de mettre en doute la tendresse, l'admiration de toute la nation pour le roi chevalier. Je me rappelle qu'un député, bon ultra sous le ministère Martignac, ayant dit à la tribune que Charles X perdait la confiance et l'affection de son peuple, fut rappelé à l'ordre par la majorité, qui fut depuis les 221, et les 221 ont chassé Charles X. Ils vous ont donné la couronne sans s'inquiéter s'ils avaient le droit de le faire. Au premier revers la plupart d'entre eux vous l'oteront de même.

Je connais bien ces hommes, Sire, dont une déplorable fatalité a environné votre trône populaire : j'y vois, comme je vous le disais autrefois, *les Thersites de tous les partis, les Narcisses de tous les tyrans, et à leur suite les muets de tous les régimes, les approbateurs de tous les pouvoirs qui, depuis 40 ans, dans toutes les circonstances, n'ont su que fléchir les genoux, courber la tête et tendre la main.* Voilà ceux qui, chargés d'or et d'infamie, réclament, au nom de l'ordre, la conservation de tous les despotismes que nous avons subis, et qui, lorsque nous demandons toutes les lois de la liberté, tous les avantages de l'égalité, nous accusent de vouloir l'anarchie et des échafauds. Parodistes des paroles de Louis XIV, l'état, c'est eux, c'est leurs fils; et nous, qui réclamons contre eux les droits nationaux, nous sommes des rebelles, des coupables de haute trahison.

Sire, vous aviez à choisir entre ces hommes et le pays, et ils se sont hâtés de vous interdire ce choix en vous enlaçant dans leurs systèmes, en vous environnant de leurs agens, en éloignant de vous (et ils disent, *par vous-même*) tous ceux qui, dans tous les temps, ont été fidèles au pays et à la liberté; ceux qui, long-temps, n'avaient vu qu'en vous le salut du pays. Pour être vos maîtres ils vous ont isolé, comme, pour être maîtres de la France, ils ont éteint son enthousiasme et l'affection des peuples étrangers.

Aujourd'hui, les hommes qui naguère vous identifiaient avec la France sentent la nécessité de sacrifier la moitié de leurs vieilles affections, pour rester fidèles à leurs principes. Beaucoup me le disent chaque jour, je ne les dénoncerai pas ; je ne veux dénoncer que moi-même. Souvent, depuis dix mois, en voyant le système que vos ministres ont suivi, et qu'eux mêmes déclarent être le vôtre plus encore que le leur, je me suis senti entraîné de l'étonnement à la douleur, et de la douleur à une espèce de sentiment de haine, et je n'ai pu renfermer mes plaintes dans mon cœur ; mes accusations n'ont pas respecté votre rang. Et si je l'ai fait, moi, dont vous connaissez les antécédens et la fidélité aux anciennes affections, que doivent faire ceux que rien n'attachait à vous, et qui ne vous connaissaient que par votre rang et votre descendance, qu'ils regardaient comme un double malheur ?

Privé des affections des hommes dévoués au pays, entraîné à gouverner dans l'intérêt du petit nombre, n'ayant point pour base l'assentiment général, qui ne vous eût pas manqué il y a un an et qu'on vous disputerait, que peut-être on vous refuserait aujourd'hui, où pouvez-vous trouver les élémens de conservation qui vous sont indispensables? où chercherez-vous votre salut, celui de la France et de la liberté ?

On vous l'a dit assez souvent, aux yeux des rois de toute l'Europe vous êtes un usurpateur. Par cela seul que vous apparteniez à l'ancienne dynastie, les légitimes doivent vous haïr davantage, parce que vous avez donné un mauvais exemple à leurs parens, et qu'il est plus facile à un prince du sang qu'à un simple citoyen de viser à la couronne et de se la faire donner. La proclamation de la souveraineté des peuples était votre seule justification, votre seul moyen de salut, et, depuis la révolution, vos ministres ont sacrifié avec la même perfidie les droits du peuple français et ceux de tous les peuples : ils ont partout donné la main au despotisme ; ils ont voulu, ils veulent encore le rétablir en France ; et, en ce moment, vous vous trouvez seul en présence de l'ennemi intérieur et extérieur. La position n'est pas tenable.

Il faut revenir sur vos pas, vous y êtes condamné ; mais plus ce retour sera retardé, plus il sera difficile. Hâtez-vous donc de répéter vos jeunes années ; chassez tous les conseillers qui vous ont égaré. Ressaisissez, comme à 20 ans, le drapeau de la liberté ; entonnez, comme à 20 ans, l'hymne des combats ; marchez bravement vers l'ennemi qui vous environne de toutes parts ; chacun de nous se précipitera sur vos pas, l'Europe reculera devant vous, et il vous sera facile de reprendre l'ascendant que des lâches vous ont fait perdre.

C'est à vous à décider. Je viens de remplir un dernier devoir. Le moment approche où, comme votre prédécesseur, il ne dépendra plus de vous d'arrêter un torrent, que les désastres de la Pologne, la livraison de la Belgique, l'abandon de l'Italie, et la détresse de l'intérieur, feront déborder de toutes parts. Le présent est encore à vous : demain il peut être trop tard.

Paris. — AUGUSTE MIE, imprimeur, rue Joquelet, n. 9.

www.ingramcontent.com/pod-product-compliance
Lightning Source LLC
LaVergne TN
LVHW020244230826
846091LV00006B/2236

* 9 7 8 2 0 1 2 3 9 3 1 5 8 *